BEI GRIN MACHT SICH IHR WISSEN BEZAHLT

- Wir veröffentlichen Ihre Hausarbeit,
  Bachelor- und Masterarbeit

- Ihr eigenes eBook und Buch -
  weltweit in allen wichtigen Shops

- Verdienen Sie an jedem Verkauf

Jetzt bei www.GRIN.com hochladen
und kostenlos publizieren

Bibliografische Information der Deutschen Nationalbibliothek:

Die Deutsche Bibliothek verzeichnet diese Publikation in der Deutschen National-
bibliografie; detaillierte bibliografische Daten sind im Internet über http://dnb.d-
nb.de/ abrufbar.

Impressum:

Copyright © 2015 GRIN Verlag, Open Publishing GmbH
Druck und Bindung: Books on Demand GmbH, Norderstedt Germany
ISBN: 978-3-668-01009-3

Philipp Amadeus Skudelny

Die Ungarische Transformation. Eine friedliche Revolution vom Volk gewollt?

GRIN Verlag

Universität Regensburg
Fakultät für Geisteswissenschaften
Institut für Politikwissenschaften
Lehrstuhl für Vergleichende Politikwissenschaft (Ost- und Mitteleuropa)
Grundkurs „Einführung in die politischen Systeme Mittel- und Osteuropas"
11.05.2015

Die Ungarische Transformation

oder

Eine friedliche Revolution vom Volk gewollt?

von

Philipp Amadeus Skudelny

Politikwissenschaften/Deutsche Philologie

Inhaltsverzeichnis

1. Wann ist Wandel abgeschlossen? 3

2. Akteurstheorien 3

    2.1 Der Deskriptiv-empirische Ansatz 4

    2.2 Rational-Choice-Ansätze 5

    2.3 Theoriesynthese 6

    2.4 Hybride Übergangsformen nach Maćków 6

3. Ungarn – Eine friedliche Transformation 7

    3.1 Liberalisierung 7

    3.2 Demokratisierung 9

    3.3 Konsolidierung 10

4. Fazit 11

5. Literaturverzeichnis 13

1. Wann ist Wandel abgeschlossen?

Das Bestreben zum Wandel, der seit den achtziger Jahren in Ostmitteleuropa von statten ging, wirft noch heute Fragen auf. Das öffentliche Leben, die wirtschaftlichen Prozesse, Politik und Gesellschaft, dies alles war einer starken Umstrukturierung unterzogen. Ungarn ist bis auf sein schweres Erbe dem gescheiterten Aufstand gegen das kommunistische Regime, welcher von Sowjettruppen niedergeschlagen wurde, ein herausragendes Beispiel für eine friedliche Transformation. Diese Transformation ist natürlich das Werk vieler Unternehmungen. Opposition und Dissidenz spielten hier eine tragende Rolle.

Der Begriff „Transformation" bezieht sich auf eine ganze Epoche, welche in drei charakteristische Phasen zu unterteilen ist: Liberalisierung, Demokratisierung und Konsolidierung. Die vorliegende Arbeit fundiert auf den theoretischen Ansätzen von Wolfang Merkel, welche die Transformation im Hinblick auf seine großen Mitspieler, die Eliten, untersucht hat. Der zu untersuchende Gegenstand dieser Arbeit soll Ungarn sein. Der Transformationsprozess in Ungarn stellt sich als gut zu gliedern heraus, besonders in die drei oben genannten Phasen. Auch lassen sich die Aktivitäten der Eliten gut nachvollziehen. In der hier vorliegenden Arbeit soll der Frage auf den Grund gegangen werden, ob man Ungarn schon nach den ersten Wahlen bzw. nach der Verfassungsgebung als eine konsolidierte Demokratie betrachten kann.

Dazuhin leitend diente als Instrumentarium die Akteurstheorie nach Wolfgang Merkel. Sein gleichnamiges Buch „Systemtransformation" stellte das Wichtigste für den Theorieteil dar. Um gut auf die Vorgänge während der Transformationsjahre eingehen zu können, diente von Máté Szabó „Kompromiss als Erbe des Kádárismus: Ungarn 1989-1990" ein Aufsatz aus „Autoritarismus in Mittel- und Osteuropa" herausgegeben von Jerzy Maćków, sowie sein Aufsatz „Revisionismus, Liberalismus und Populismus. Die Opposition in Ungarn" in „Akteure oder Profiteure?" herausgegeben von Jan Wielgohs. Des Weiteren stellte sich „Das politische System der Republik Ungarn" von Jürgen Dieringer als sehr nützlich heraus, um genauer auf den Konsolidierungsaspekt einzugehen. Genauso verhielt es sich mit „Politische Geschichte Ungarns von 1985 bis 2002" von Andreas Schmidt-Schweizer.

2. Akteurstheorien

Eine Transformation hat immer bestimmte Gründe. Die vorliegende Arbeit wird sich auf den akteurstheoretischen Ansatz stützen, denn die Akteurstheorien zeigen hohes Potential hinsichtlich der Erkenntnis der Realisierungschancen der Demokratie. Dies bedeutet auch, wie Merkel schreibt: „Man könnte gar argumentieren, wenn ein notwendiges Minimum ökonomischer, kultureller und struktureller Voraussetzungen gegeben ist, sind politische Strategien, Allianzen und Handlungen umso wichtiger, je weiter diese notwendigen von den hinreichenden Bedingungen erfolgreicher Demokratisierung entfernt sind."[1] Der Transformationsprozess ist demnach von Akteuren geleitet, welche entscheiden, ob die Transformation sich positiv auf ihre Situation und Handlungsmöglichkeiten auswirken könnte oder nicht. Ob die Transformation gelingt oder nicht, ist also nicht von objektiven Strukturen abhängig, sondern „vielmehr von den subjektiven Einschätzungen, Strategien und Handlungsmöglichkeiten durch relevante Akteure."[1] Die herrschenden Akteure sind die Elite. Sie verfolgen ihre Ziele im sozialen, politischen, wirtschaftlichen und historischen Sinne. [2] Aus dem akteurstheoretischen Ansatz lassen sich zwei Hauptströmungen ableiten, die sich je nach Ausgangspunkt der Überlegung und der Bedeutung des Handelns der Akteure unterscheiden: Die deskriptiv-empirische Strömung und der Rational-Choice-Ansatz.[2]

2.1 Der Deskriptiv-empirische Ansatz

Hierbei wird ein besonderes Augenmerk auf die veränderte Akteurskonstellationen bei den verschiedenen Phasen der Transformation gelegt, „denn in der Regel ist bereits die Liberalisierung des autoritären Regimes das Produkt vielschichtiger Veränderungen innerhalb des Herrschaftsblocks."[3] Im Laufe der Liberalisierung sinkt die bedrohliche Einschätzung des Regimes gegenüber den regimestürzenden Schichten, denn die Eliten rechnen sich Chancen darauf aus , dass die Kosten für eine autokratische Repression höher wären als der Machtverlust bei der Demokratisierung. Die auf die Liberalisierung folgende Demokratisierung zeichnet sich meist durch einen Wechsel der Akteure auf Seiten der Opposition aus, so wie auch ein Wechsel von Massenmobilisierungen zu einer durch die Eliten und zivilgesellschaftlichen Organisationen oder Parteien ausgehandelten Institutionalisierung der demokratischen Verfahren. Eine solche paktierte Transition wird von den reformwilligen Eliten und Oppositionellen am Anfang geleitet.[4] Da die Machtverhältnisse während der Transition noch nicht geklärt sind und eine Unwissenheit über die kommenden Machtverhältnisse herrscht, werden zwischen den relevanten Akteuren Pakte geschlossen, die bürgerliche Rechte und Freiheiten, Partizipationsmöglichkeiten und

---

[1] Merkel, Wolfgang (2006): Systemtransformation. Eine Einführung in die Theorie und Empirie der Transformationsforschung. 2. Aufl. Wiesbaden: VS Verlag für Sozialwissenschaften (Lehrbuch). S. 84.

[2] Vgl. Ebd. S.84.

[3] Ebd. S. 85.

[4] Vgl. Merkel, Wolfgang (2006): Systemtransformation. S. 85.

4

Institutionen festlegen.[4] Sollten die alten Eliten ihrer Machtbasis entledigt werden, kann der Demokratisierungsprozess auch erfolgreich verlaufen.[4] Pakte in der frühen Phase der Demokratisierung sind am wahrscheinlichsten , wenn sich beide Seiten unsicher sind, wie die Machtverhältnisse liegen und keine der beiden Seiten über genügend Ressourcen verfügt, sich gegenüber dem anderen durchzusetzen. Eine solche Phase verbessert die Chancen auf eine spätere Konsolidierung. Pakte werden in der akteurstheoretischen Transformationsforschung trotz ihres undemokratischen Charakters als wünschenswert angesehen und sind am wahrscheinlichsten, wenn keiner der Paktpartner über Ressourcen verfügt, einseitige Interessen durchzusetzen.[5]

Die Transformation kann aber nur abgeschlossen werden, wenn es „entsprechend den Kosten-Nutzen-Kalkülen der relevanten Akteure rational ist, sich für eine demokratische Systemalternative zu entscheiden."[6]

Damit es dazu kommen kann, muss innerhalb des autokratischen Regimes eine Spaltung zwischen *Softlinern* und *Hardlinern* erflogen. Die *Hardliner* wollen das alte autokratische System beibehalten, wobei die *Softliner* sich durch Zugeständnisse an die Bevölkerung, wie z.B. Lockerung der Freiheitsrechte, bessere Chancen ausmalen nach der Transformation an der Macht zu bleiben. Die *Softliner* überzeugen daraufhin die *Hardliner* von ihrem Unterfangen und setzen eine Liberalisierungsstrategie durch. Daraufhin nutzt die Bevölkerung die neuen Rechte aus, um eine Opposition gegenüber dem alten Regime zu bilden. Diese Opposition muss sich dann mit reformbereiten Teilen des alten Regimes auseinandersetzen, damit „die Demokratie dadurch zu einer realistischen Alternative wird."[5] Die moderat eingestellten Regimekräfte müssen dann von den reformbereiten überstimmt werden, um ein veto-potenzial auszuschließen. Auf der Seite der Opposition sollte sich der mäßig eingestellte Flügel durchsetzten, dann können sich beide Kräfte auf Pakte bei der Institutionalisierung einigen.[5]

2.2 Rational-Choice-Ansätze

Aus der *Rational-Choice* Perspektive wird der Liberalisierungsprozess als Abfolge wechselnder strategischer Situationen gesehen, welche spieltheoretisch gelöst werden können. Die Beschreibung der Akteure allein nach ihren Interessen und Strategien wird als unzureichend abgelehnt. Auf der Suche nach günstigen Akteurskonstellationen für die erfolgreiche Demokratisierung lassen sich vier Antworten geben. Zum einen steht als Resultat rational

---

[5] Vgl. Ebd. S. 85.
[6] Ebd. S. 86.

handelnder Akteure die erfolgreiche Transformation, wobei deren Handeln allerdings auch Fehlwahrnehmungen bezüglich ihrer eigenen Machterhaltungs- und Machtzugangschancen unterliegt. Zum anderen wird die Demokratisierung häufig von einer Liberalisierungsphase eingeleitet. Dieser Prozess kann nur mit erheblichen politischen Kosten einhergehen. Des Weiteren wird die Demokratisierung zu Beginn mit demokratisch fragwürdigen Mitteln, nämlich mit Hilfe von Pakten und Absprachen außerhalb demokratischer Institutionen vorangetrieben. Und letztlich liegt dem *Rational-Choice* Ansatz nicht nur ein Erklärungs-, sondern auch ein generalisierbares Prognosepotential zugrunde.[7]

2.3 Theoriesynthese

Man kann festhalten, dass System- und Akteurstheorien alleine weder die Einleitung und den Verlauf, noch das Ergebnis von Systemwechseln hinreichend erklären können. Aufgrund der teils verschiedenen Analyseobjekte der Theorien haben diese natürlich auch unterschiedliche Aussagekraft. System- und Akteurstheorien bedürfen weiterhin ,,Brücken'' zwischen makrosoziologischen und mikropolitischen Ansätzen, welche in kultur-, struktur- und institutiontheoretischen Überlegungen gefunden werden können.[8] Ob nun Strukturen, Kulturen oder Akteure die wichtigste Rolle im Transformationsprozess spielen, lässt sich nicht *a priori* beantworten, sondern variiert von Fall zu Fall. Für den akteurstheoretischen Ansatz müssen die Restriktionen (*constraints*) eingehend analysiert werden, da diese den Handlungskorridor der Akteure festlegen. Durch die Akteurstheorien wird der Blick auf die interaktiven Ursachen und Wirkungen politischen Handelns gelenkt.[8] Die Ergebnisse deskriptiv-empirischer Akteurstheorien lassen sich zwar in ,,Wenn-dann-Sätzen'' formulieren, dennoch beschreiben sie die Akteurskonstellationen und politischen Handlungen mehr, als dass sie diese unter *Ceteris-paribus*-Bedingungen aufeinander bezogen analysieren.[9]

2.4 Hybride Übergangsformen nach Maćków

Es gibt Herrschaftssysteme, welche sich nicht einfach einordnen lassen. Diese hybriden Systeme sind meist das Ergebnis einer Übergangssituation zwischen zwei Systemen. Maćków schreibt: „[...] Sie sind also kein Ausdruck des Staatsverfalls Ihnen fehlen 'lediglich` einige

---

7 Vgl. Merkel, Wolfgang(2006): Systemtransformation. S. 86f.
8 Vgl. Ebd. S. 88.
9 Vgl. Merkel, Wolfgang(2006): Systemtransformation. S. 86.

Strukturen und eingeübte Verhaltensweisen."[10] Dieses Defizit, so Maćków, wird durch die Elite, mit oder ohne Opposition behoben. Des Weiteren stellt er die Frage, ob ein System nach den von Merkel genannten Kriterien als konsolidiert gelten kann. Im Gegensatz zu Merkel sieht Maćków nicht die Verfassungsgebung als Konsolidierungsinidikator, sondern vielmehr den empirischen Befund über die Verinnerlichung der demokratischen Prozesse.[11]

Desweiteren kann man von spontanen bzw. gelenkten Systemumwandlungen sprechen. Erste trifft zu, sollte die politische Führung die Kontrolle behalten und ihre Ziele umsetzten können. Der spontane Wandel geht ohne nennenswertes Eingreifen der alten Führung einher.[11]

3. Ungarn – Eine friedliche Transformation

Im Folgenden soll untersucht werden, inwieweit sich das drei Phasen Modell auf die Systemtransformation in Ungarn anwenden lässt. Im Herbst 1988 neigte sich die Herrschaft des Systems unter János Kádár. Bei der Abwahl von Kádár im Jahr 1988 wurde die Krise offensichtlich.[12] Diese endete im Frühjahr 1990 mit den ersten freien Wahlen zum Parlament. Das bis dahin noch existente System wurde permanent untergraben: „Durch Entstehung neuer politischer Bewegungen und Parteien, die Ergebnisse des Runden Tisches von Juni-September 1989 und die darauf folgenden grundlegenden Verfassungs- und Gesetzesänderungen."[13] Nach dem Ausruf der Ungarischen Republik 1989, als Nachfolge der sozialistischen Volksrepublik, entstand ein für die alten sowie neuen Kräfte nicht zu kontrollierendes Machtvakuum, was einer Reform bzw. Revolution den Weg bereitete. Durch einen historischen Kompromiss zwischen Regierung und Opposition, wurde der Weg zu einer friedlichen Transformation möglich.[10]

3.1 Liberalisierung

Schon in den 1950er Jahren brachen in den Kommunistischen Parteien Flügelkämpfe aus, „diese […] eröffneten zugleich auch für Akteure außerhalb der Parteiführung Gelegenheiten für die Artikulation kritischer bzw. nonkonformistischer politischer Bestrebung."[14] Auch die

---

[10] Autoritarismus: Noch immer das System des eingeschränkten Pluralismus von Maćków in in Maćków, Jerzy (2009): Autoritarismus in Mittel- und Osteuropa. 1. Aufl. Wiesbaden: VS, Verlag für Sozialwissenschaften. S. 38

[11] Vgl. Ebd. S. 40.

[12] Vgl. Kompromiss als Erbe des Kádárismus: Ungarn 1989-1990 von Máté Szabó in Maćków, Jerzy (2009): Autoritarismus in Mittel- und Osteuropa. 1. Aufl. Wiesbaden: VS, Verlag für Sozialwissenschaften. S. 199.

[13] Ebd. S. 199.

[14] Revisionismus, Liberalismus und Populismus. Die Opposition in Ungarn von Máté Szabó in Pollack, Detlef; Wielgohs, Jan (Hg.) (2010): Akteure oder Profiteure? Die demokratische Opposition in den

Niederschlagung des Volksaufstandes konnte den Widerstand nicht unterdrücken. János Kádár definierte seine eigene Strategie danach schon als Kampf an zwei Fronten, denn er trat für die Entstalinisierung ein, stellte sich aber während des Widerstandes gegen die Reformer. Szabó schreibt: „ Auf der einen Seite repräsentierte und wahrte er den Moskauer Hegemonialanspruch. Auf der anderen wurden unter seiner Führung signifikante Liberalisierungsprozesse eingeleitet oder zumindest toleriert."[15] Kádár kann also durchaus als Wegbereiter für das spätere Voranschreiten der Transformation verstanden werden, denn er machte durch ideologische Öffnungen und eine tolerante Haltung gegenüber Regimekritikern der oppositionellen Bewegung Zugeständnisse. Amnestien wurden erlassen und Anhänger und Unterstützer des gescheiterten Widerstandes wurden nicht mehr verfolgt.

Dies machte einen Pluralismus im Untergrund möglich.[16] Nach 1968 teilte sich das Regime in Soft- und Hardliner. Zu den Hardliner gehörten z.B. János Kádár, János Berecz und Károly Grósz. Bekannte Softliner waren Imre Pozsgay und Istvan Horváth.[17] Die Initiierung der Spaltung, die eine Liberalisierung möglich macht, geschah durch die Erkenntnis, dass es auch politische Alternativen gibt. Schon nach dem von der Roten Armee niedergeschlagenen Volksaufstand regten sich die ersten Softliner, was endgültig mit der Besetzung von Prag vorangetrieben wurde.[18] Die Beteiligung ungarischer Truppen an der sowjetischen Intervention am Prager Frühling weckte in den zahlreichen ungarischen Intellektuellen einen Glauben an die Demokratisierung, womit dann der Aufruf der Mitglieder der Budapesterschule zur Solidarisierung mit der tschechoslowakischen Demokratiebewegung einherging.[19] Dies war seit der gescheiterten Revolution 1956 die erste öffentliche Artikulation von Protest und läutete den Übergang zur nicht-kommunistischen Ära ein. Als dann Michail Gorbatschow 1986/1987 neue Möglichkeiten schuf, wurden die Chancen wahrgenommen. Um die Wirtschaft zu stabilisieren und die Rolle der führenden Arbeiter Partei zu stärken, wurde das Einparteiensystem aufgehoben. Es sollte ein geregelter Pluralismus entstehen. Des Weiteren wurden die Versammlungs-, Streik-,und Vereinigungsrechte gelockert. Die Softliner

---

ostmitteleuropäischen Regimeumbrüchen 1989. 1. Aufl. Wiesbaden: VS Verlag für Sozialwissenschaften (Politische Kultur in den neuen Demokratien Europas). S.64.

[15] Zitiert nach Husár 2001 / 2003. Aus Revisionismus, Liberalismus und Populismus. Die Opposition in Ungarn von Máté Szabó in Pollack, Detlef; Wielgohs, Jan (Hg.) (2010): Akteure oder Profiteure? Die demokratische Opposition in den ostmitteleuropäischen Regimeumbrüchen 1989. S.64.

[16] Vgl. Revisionismus, Liberalismus und Populismus. Die Opposition in Ungarn von Máté Szabó in Pollack, Detlef; Wielgohs, Jan (Hg.) (2010): Akteure oder Profiteure? Die demokratische Opposition in den ostmitteleuropäischen Regimeumbrüchen 1989. S.66.

[17] Vgl. Ebd. S. 201.

[18] Ebd. S.64.

[19] Vgl. Ebd. S. 66.

entschieden sich für die Demokratisierung, auch weil sie dem Glauben verfielen, nach dem Demokratisierungsprozess würden sich alte Machtstrukturen erhalten lassen, was aber bis jetzt bei keinem transformierten Staat jemals der Fall war. Der Demokratisierungsprozess wurde nicht von der in sich gespaltenen ungarischen Opposition initiiert, sondern von reformwilligen Eliten, welche die Hardliner innerhalb der Partei entmachteten und sich dann mit der Opposition auseinandersetzten.[20]

3.2 Demokratisierung

Nach der spürbaren Akzeptanz 1987 der ungarischen Behörden gegenüber der Opposition, zeigte sich diese 1988 öffentlich. Der frühere Widerstand organisierte sich in Parteien: Die SDSZ(Urbanisten-demokratische Opposition), die populistische MDF sowie FIDESZ, die ursprünglich abseits der anderen beiden zu verorten war, dann aber sich liberal orientierte, bis sie national-konservativ einzuordnen ist. Diese Parteien nahmen zusammen mit den Gewerkschaften und der Regierung am runden Tisch 1989 teil.[21] Diese quasi verfassungsgebende Versammlung „[…] legte die Regeln für den Systemwechsel fest."[22] Wohlgemerkt war dies ein von der Bevölkerung abgeschotteter Bereich, denn hierfür fanden keine Wahlen statt. Die Formation des runden Tisches wurde aber indirekt legitimiert, denn bei den ersten freien Parlamentswahlen wurden genau diese an der Verfassungsgebung beteiligten Akteure gewählt. Hier wurde über „die Verfassungsänderungen, die Regelungen bezüglich der politischen Parteien, die Wahlen, die Modifizierung des Strafrechts sowie Rechtsgarantien für die Verhinderung von gewaltsamen Lösungen [entschieden]."[23] Die Reformvorschläge wurden weitgehend von der Regierung akzeptiert: „Die Aufarbeitung der Vergangenheit, insbesondere der Revolution von 1956, Demokratie und Menschenrechte, nationale Souveränität, die Systemkrise, Minderheitenschutz, Umweltzerstörung, Marktwirtschaft, Privatisierung, Öffnung nach Westen, Europa und die Abschaffung des Ideologiezwanges in der Gesellschaft."[19] Die Regierungspartei USAP formte sich neu in der USP, dieser gelang es aber

---

[20] Vgl. Kompromiss als Erbe des Kádárismus: Ungarn 1989-1990 von Máte Szabó in Maćków, Jerzy (2009): Autoritarismus in Mittel- und Osteuropa. 1. Aufl. Wiesbaden: VS, Verlag für Sozialwissenschaften. S. 204.
[21] Vgl. Dieringer, Jürgen (2009): Das politische System der Republik Ungarn. Entstehung - Entwicklung - Europäisierung. Opladen, Farmington Hills, Mich.: Budrich. S. 63.
[22] Kompromiss als Erbe des Kádárismus: Ungarn 1989-1990 von Máte Szabó in Maćków, Jerzy (2009): Autoritarismus in Mittel- und Osteuropa. S. 204.
[23] Dieringer, Jürgen (2009): Das politische System der Republik Ungarn. Entstehung - Entwicklung - Europäisierung. S.63-64.

nicht ihre Standpunkte glaubhafter als die anderen Parteien nach der ersten freien Parlamentswahl zu vertreten, somit erlangte sie am wenigsten Stimmen.

3.3 Konsolidierung

Die Verfassungsgebung kann nach Merkel schon als eine erfolgreiche Konsolidierung des neuen Pluralistischen Systems angesehen werden. Dennoch bleibt die Frage offen, ob das System nach dieser aufgesetzten Verfassung schon als konsolidiert gelten kann, bzw. nach den ersten Wahlen. Vielmehr ist die Konsolidierung ein langsam fortschreitender Prozess. Dazu ist eine Beobachtung der darauf folgenden Wahlen erforderlich, bzw. der Akzeptanz der Bevölkerung gegenüber den neuen demokratischen Institutionen.

Zur ersten Wahl formte sich eine Parteienlandschaft, die wie folgt aufgestellt war: Am linken Rand formte sich die MSZMP, die sich für eine demokratische Ordnung aussprach, aber „keine Zweifel daran [lies], daß sie weiterhin dem Ideal eines reformierten Einparteiensystems anhing."[24] Davon zu trennen war die MSZDP, die als sozialdemokratische Partei auftrat. Ihre Leitmotive waren soziale Gerechtigkeit, Solidarität und eine umfassende soziale Absicherung für Arbeitnehmer.[25] Drei weitere Strömungen formten sich daneben zu einem liberalen Bündniss, dem SZDSZ. Diese Partei zeichnete sich durch eine „scharfe anitkommunistische Rhetorik [aus] und forderten den Austausch der politischen Elite `vom Keller bis zum Speicher'."[26] Der Bund Junger Demokraten, trat aus dem Schatten des SZDSZ, um alleinständig als FIDESZ Partei anzutreten. Das Ziel, sich als Mitte zwischen MDF und SZDSZ zu positionieren, schlug sich auch in den politischen Forderungen nieder, so forderten sie z.B. eine konsequente Privatisierung der Wirtschaft, welche sich aber strengeren Kontrollen unterziehen müsste.[27] Die National-Konservative Strömung im ungarischen Parteiensystem formte sich aus der Christlichen Volkspartei und der Kleinlandwirtepartei. In diesem Lager stach der MDF durch seine führende Rolle in den Wendejahren hervor.[28]

Die Wahlbeteiligung lag in den Jahren von 1990, den ersten freien Wahlen, bis zum Jahr 2006 zwischen 56% bis 70%. Schon die Wahlbeteiligung bei der ersten Parlamentswahl 1990, welche bei 65,1% lag scheint verwunderlich, denn ein Volk, welches sich um eine Demokratie so sehr

---

[24] Schmidt-Schweizer, Andreas (2007): Politische Geschichte Ungarns von 1985 bis 2002. Von der liberalisierten Einparteienherrschaft zur Demokratie in der Konsolidierungsphase. München: R. Oldenbourg (Südosteuropäische Arbeiten, 132). S. 184.

[25] Vgl. Ebd. S. 184.
[26] Ebd. S.186.
[27] Vgl. Ebd. S. 187.
[28] Vgl. Ebd. S.188.

bemüht hätte, würde sicherlich eine annähernd 100%tige Wahlbeteiligung erzielen.[29] Besonders im Gegensatz zu anderen postkommunistischen Ländern sticht diese besonders niedrige Wahlbeteiligung heraus. Dies lässt sich auf mehrere Gründe zurückführen: Die Nicht-wähler waren meist Wahlberechtigte im Alter zwischen 18-30 Jahren mit niedrigem Bildungsniveau und dörflichem Lebensstil. Dazu kommt eine politische Passivität, die dem „Kadarismus" zugrunde liegt, eine Ablehnung gegenüber der Demokratie, sowie „das Gefühl, von den chacenreichen Parteien nicht repräsentiert zu werden. Eine besondere Rolle hierfür dürfte gespielt haben, daß die damals stark durch interlektuelle Eliten geprägte ungarische Demokratie die Nicht-Eliten abschreckte."[30]

Nach der Wahl zeichnete sich folgende Machtverteilung ab: „Das MDF gewann 164 der 386 Sitze(42,5 Prozent der Mandate), der SZDSZ 94 (24,4 Prozent), die FKGP 44 (11,4 Prozent), die MSZP 33 (8,6 Prozent), der Fidesz 22 (5,7 Prozent) und die KDNP 21 (5,4 Prozent). Zwei Mandate gingen an das Agrarbündnis (0,5 Prozent) und sechs (1,5 Prozent) stellten die Unabhängigen."[31] Durch dieses Ergebnis sind diese Wahlen durchaus als Protestwahlen zu verstehen, denn die MDF, welche sich unverkennbar dem Anti-Kommunismus verschrieben hatte, war trotz allem als gemäßigtere Kraft aufgetreten. Diese Einstellung der Mehrheit der Wähler könnte auf die Sozialisierung unter Kádár zurückzuführen sein, so schreibt Schmidt-Schweizer: „Der paternalistische Reformsozialismus hatte zweifellos Einstellungen gefördert, die für radikale Lösungen nicht empfänglich waren."[31]

4. Fazit

Die Transformation Ungarns lässt sich, wie gezeigt wurde, gut in die drei Phasen der Demokratisierung unterteilen. Der theoretische Ansatz stellte sich hinsichtlich der Liberalisierungsphase besonders erklärungsstark heraus. Dieses Modell erwies sich bei dem ungarischen Fall als nützlich um die Geschehnisse zu rekonstruieren und zu analysieren. Die vom akteurstheoretischen Ansatz aus unabdingbare Verständigung erscheint im Falle Ungarns aber als vernachlässigbar, denn, wie die Bestrebungen der Softliner schon vor den Geschehnissen des runden Tisches zeigt, wäre es auch ohne diesen zu einem Systemwechsel gekommen. Die Konsolidierungsphase erwies sich als fragwürdig, so wäre diese konsolidiert,

---

[29] Vgl. Dieringer, Jürgen (2009): Das politische System der Republik Ungarn. Entstehung - Entwicklung - Europäisierung. S. 104.
[30] Schmidt-Schweizer, Andreas (2007): Politische Geschichte Ungarns von 1985 bis 2002. Von der liberalisierten Einparteienherrschaft zur Demokratie in der Konsolidierungsphase S. 196.
[31] Ebd. S. 194.

11

wenn es zu einer verankerten Verfassung kommen würde. Diese wurde aber von eben diesem runden Tisch, welcher keine Legitimation des Volkes besaß eingerichtet und war auch ohne jene beschlusskräftig. Die Legitimation der Verfassung, welche bis heute noch im Wesentlichen geltend ist, geschah durch die darauffolgenden Wahlen ein halbes Jahr später, wobei sich die langsame Akzeptanz der Bevölkerung gegenüber den neuen Institutionen nur langsam einstellte, wie die Wahlbeteiligung von den ersten freien Wahlen 1990 zeigte. Diese Einstellung der Politik gegenüber ist auch ein Erbe des Kommunismus. Diese politische Passivität schlägt sich nicht nur in der Wahlbeteiligung von 1990 nieder, sondern auch in dem Ergebnis, welches dafür sorgte, dass eine gemäßigtere Kraft an die Macht kam. Somit kann Ungarn nach den ersten Wahlen bzw. mit der Verfassungsgebung als noch nicht vollständig konsolidiert gehandhabt werden. Diese stellte sich erst später mit der Akzeptanz und der Handhabung der demokratischen Institutionen ein. Hierbei stellte sich der Ansatz von Maćków als schlüssiger heraus als der von Merkels.

5. Literaturverzeichnis

Andreas Schmidt-Schweizer (2001): Der akteurstheoretische Ansatz und die politische Systemtransformation in Ungarn 1988/1989. Forschungsvorhaben und -berichte. Berliner Osteuropa Info. München / Budapest.

Blue Ribbon Commission (1990): Hungary in transformation to freedom and prosperity. Economic program proposals of the joint Hungarian-international Blue Ribbon Commission. Indianapolis, Ind.: Hudson Institute.

Dieringer, Jürgen (2009): Das politische System der Republik Ungarn. Entstehung - Entwicklung - Europäisierung. Opladen, Farmington Hills, Mich.: Budrich.
Eli, Max (2000): Ungarn im Transformationsprozeß. Bericht über ein Ifo-IfW-Symposium, das am 16./17. November 1999 in Budapest stattfand. München: Ifo-Inst. für Wirtschaftforschung.

Ismayr, Wolfgang (Hg.) (2010): Die politischen Systeme Osteuropas. 3., aktualisierte und erw. Aufl. Wiesbaden: VS, Verl. für Sozialwiss.

Kulcsár, Kálmán; Gündel, Annerose (1997): Systemwechsel in Ungarn 1988-1990. Analysen und Erinnerungen des damaligen ungarischen Justizministers. Gekürzte Ausg. Frankfurt am Main: V. Klostermann (Ius commune. Sonderhefte, 98).

Linz, Juan J. (2003): Totalitäre und autoritäre Regime. 2., überarb. und erg. Aufl. Berlin: Berliner Debatte Wiss.-Verl (Potsdamer Textbücher, Bd. 4).

Maćków, Jerzy (2009): Autoritarismus in Mittel- und Osteuropa. 1. Aufl. Wiesbaden: VS, Verlag für Sozialwissenschaften.

Merkel, Wolfgang (2006): Systemtransformation. Eine Einführung in die Theorie und Empirie der Transformationsforschung. 2. Aufl. Wiesbaden: VS Verlag für Sozialwissenschaften (Lehrbuch).

Meusburger, Peter; Jöns, Heike (2001): Transformations in Hungary. Essays in economy and society. Heidelberg, New York: Physica-Verlag (Contributions to economics).

Møller, Jørgen (2009): Post-communist regime change. A comparative study. London, New York: Routledge (Routledge research in comparative politics, 25).

Pollack, Detlef; Wielgohs, Jan (Hg.) (2010): Akteure oder Profiteure? Die demokratische Opposition in den ostmitteleuropäischen Regimeumbrüchen 1989. 1. Aufl. Wiesbaden: VS Verlag für Sozialwissenschaften (Politische Kultur in den neuen Demokratien Europas).

Schmidt-Schweizer, Andreas (2007): Politische Geschichte Ungarns von 1985 bis 2002. Von der liberalisierten Einparteienherrschaft zur Demokratie in der Konsolidierungsphase. München: R. Oldenbourg (Südosteuropäische Arbeiten, 132).

Segert, Dieter (2013): Transformationen in Osteuropa im 20. Jahrhundert. FACULTAS Verlags- und Buchhandels-AG <Wien>.